A+K Weltenbummler - Marokko

Wir, A+K Weltenbummler, mit Namen Angela und Klaus, verreisen für unser Leben gern und haben in den letzten 30 Jahren viel gesehen und erlebt, haben Länder und Menschen kennengelernt. Dabei bereisten wir von der Karibik bis zu den Philippinen und vom Nordkap bis nach Kenia unsere schöne Erde. Je nach Erreichbarkeit erlebten wir die besuchten Länder im Rahmen einer Pauschalreise, per Wohnmobil oder individuell organisiert. In unseren Reiseberichten sind unsere Erlebnisse, Abenteuer und Entdeckungen mit vielen Bildern und in kurzweiliger Form niedergeschrieben. Sie können für die eigene Reiseplanung herangezogen werden oder einfach nur in fremde Länder entführen.

Marokko

Agadir und Umgebung
Stadtrundfahrt in Marrakesch

von
A+K Weltenbummler

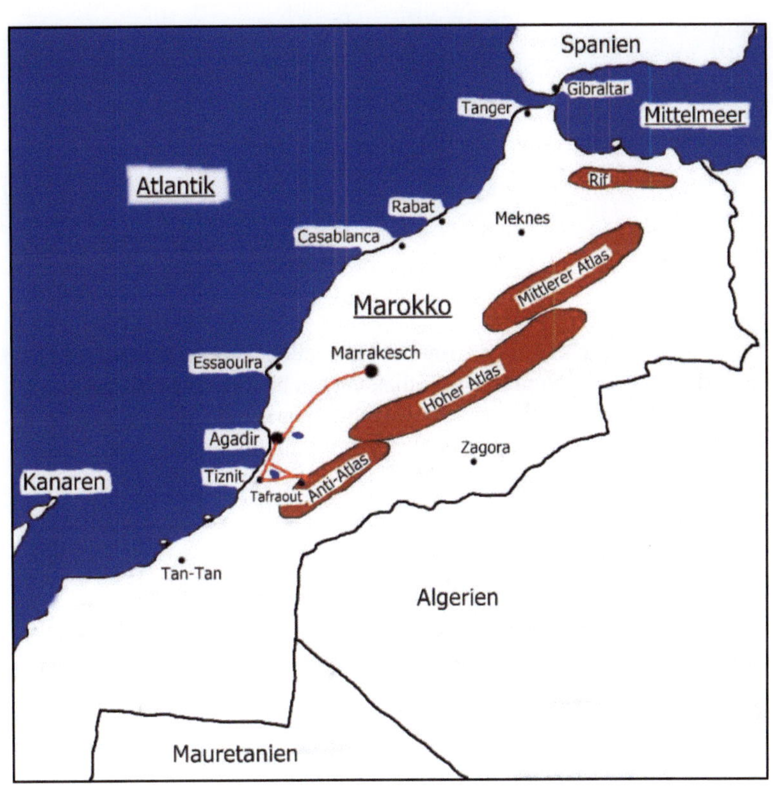

Bibliografische Information der Deutschen Nationalbibliothek:
Die Deutsche Nationalbibliothek verzeichnet diese Publikation
in der Deutschen Nationalbibliografie; detaillierte bibliografische
Daten sind im Internet über http://dnb.dnb.de abrufbar.

Herstellung und Verlag:
BoD – Books on Demand, Norderstedt

ISBN: 978-3-7392-0551-9

Der Sommer in diesem Jahr dauerte ganze drei Wochen und fiel in den Juli. In diesen drei Wochen war es zugegeben richtig heiß, gerade richtig für uns beide. Ausgerechnet in diesen drei Wochen fuhren wir gute eineinhalb Wochen in die Bretagne, wo wir eher mit Regen und Kühle zu kämpfen hatten, als das es Sommer war. So dauerte unser persönlicher Sommer nur eine gute Woche. Eine gute Woche Sommer im ganzen Jahr, das war absolut zu wenig. So wollten wir wenigstens die Woche zwischen Weihnachten und Neujahr nutzen, um noch ein paar Tage aus dem schon seit sechs Wochen dauernden Winter mit Eis und Schnee zu entfliehen. Solange ich mich erinnern kann, habe ich nicht mehr so viel und so lange Schnee erlebt. Die Wetterfrösche meinten, dass es seit siebenunddreißig bis vierzig Jahren keinen solchen Winter mehr gegeben hat. Das kam noch zu dem Sommerdilemma dazu. Wir mussten einfach raus in den Süden und Sonne und Wärme tanken.

Da eine reguläre Reise über Weihnachten/Silvester viel zu teuer war, warteten wir auf ein Last-Minute-Angebot. Nach einer Stunde im Reisebüro fanden wir eine Reise nach Marokko. Warum nicht, sagten wir und machten die Buchung klar, einschließlich Platz in einem Parkhaus in Köln, denn der Flug ging von und nach Köln.

Wir freuten uns riesig auf den Tag der Abreise, genau Heilig Abend. Da unser Flug schon morgens um 5.35 Uhr sein sollte, war an Schlaf in dieser Nacht nicht zu denken. Im Gegenteil, wir mussten wegen dem Wetter am Vorabend schon um 22 Uhr von zu Hause losfahren. Seit über einer Woche herrscht das Chaos an deutschen Flughäfen. Das starke Schneetreiben führte zu Verspätungen und sogar teilweise tagelangen Flugausfällen. Genau aus diesem Grund sind wir bisher nie im Winter geflogen. Zwei Tage vor unserer Abreise entspannte sich die Lage ein wenig, die tausende gestrandeter Flugtouristen waren gerade abgearbeitet, da ging es schon wieder los. Genau zu unserer Startzeit legte sich ein neues großes Schneegebiet über uns. Es war gut, dass wir ein bisschen früher gefahren sind, denn als wir in Köln ankamen, herrschte dort schon Glatteis auf den Straßen und es fing gerade an zu schneien. Da wir zu früh waren, um ins Parkhaus fahren zu können, warteten wir auf einem Parkplatz, bis es soweit war. Der Schneefall nahm zu und in kurzer Zeit war alles zentimeterdick weiß. Hoffentlich geht unser Flug noch, dachten wir ständig in der Angst, doch hier bleiben zu müssen.

Als wir dann im Flughafengebäude waren, starteten und landeten die Maschinen noch. Wie lange noch? Es schneite immer weiter. Meterhohe Schneeberge türmten sich auf dem Fluggelände, die in den letzten Wochen zusammen geschoben worden waren.

Gegen 5 Uhr betraten wir die Maschine, die dick vereist war. Oh je, ob das gut geht? Dann kam vom Flugkapitän die Durchsage, dass die Startvorbereitungen laufen und die Maschine enteist wird, bevor es losgeht.

Jetzt wussten wir auch, wie so eine Enteisung vor sich geht. Dabei wird die Maschine jeweils kurz vorm Start mit einer Flüssigkeit besprüht, die das Eis auflöst. An den Fensterscheiben konnten wir sehen, das diese Flüssigkeit jetzt gelartig auf der Maschine hängt. Was wiegt diese zusätzliche Last? Wir hatten Zweifel an der ganzen Sache, doch wir wollten endlich in die Sonne.

Als die Maschine zum Startplatz rollte, wurde diese gelartige Zusatzlast durch den Fahrtwind von der Maschine gedrückt. Beim Start selbst verlor das Flugzeug den Rest davon und es verlief alles wie am Schnürchen. Routiniert hoben wir mit einer halben Stunde Verspätung ab und uns fiel ein Felsbrocken vom Herzen.

Nach dreieinhalb Flugstunden landeten wir auf Gran Canaria, wo wir einen Zwischenstopp einlegten. Kein Schnee, keine Kälte, herrlicher Sonnenschein und Wärme empfingen uns. Alles war grün. Das tat richtig gut.

Zwischenlandung auf Cran Canaria

Nach einer halben Stunde im Transitraum starteten wir zur zweiten Etappe, nach Agadir in Marokko. Dabei überflogen wir Lanzarote, wo wir im März 2007 den Urlaub verbrachten. Aus über elftausend Metern Höhe sieht alles so unwirklich aus. Da ist Lanzarote nur ein schemenhafter brauner Flecken mitten im endlosen Blau des Meeres. Knapp eine dreiviertel Stunde später überflogen wir die Küste Marokkos und landeten bald darauf in Agadir. In der Ferne ließ sich ein schneebedeckter Berg erkennen, sonst war es recht dunstig.

Bildschirmanzeige im Flugzeug

Marokkos Küste bei Agadir

Die Abfertigung verlief in dem kleinen Flughafen ziemlich rasch. Bevor wir das Gebäude verließen, tauschten wir noch schnell ein paar Euros in Marokkanische

Dirham um. Der Umrechnungskurs lag offiziell bei 1,- Euro zu 8,60 bis 8,90 Dirham. Draußen wurde aber nur mit 1:10 gerechnet. Das war uns gerade recht, weil einfacher.

Flughafengebäude von Agadir

Busse warten auf die Urlauber

In der Halle warteten schon die Vertreter der entsprechenden Reisebüros, die uns auf die vielen Busse, die vor dem Gebäude warteten, aufteilten. Natürlich sprangen auch gleich die Kofferträger herbei und wir waren die ersten 10 Dirham los. Wir lernten schnell, dass man in Marokko immer genügend Kleingeld dabei haben muss, um die vielen Leute zu bezahlen, die einem irgendwelche Dienste anboten. Nur war es nicht einfach, an genügend Kleingeld zu kommen, denn immer, wenn wir Geld tauschten oder etwas heraus bekamen, bekamen wir das Geld so groß wie möglich. Nie waren kleine Münzen dabei. Das war echt schwierig und die Trinkgelder summierten sich schnell. Wir haben aber nie das Wort „Bakschisch" gehört, wie sonst überall in der arabischen Welt, die wir schon besucht haben.

Als alle im Bus waren, begrüßte uns die Reiseleitung der TUI, mit der wir unterwegs waren. Nach einer halbstündigen Fahrt wurden wir auf verschiedene Hotels aufgeteilt. Klaus und ich waren die beiden letzten. Mit den vorletzten Gästen war auch die Reiseleiterin ausgestiegen, was uns sehr befremdlich vorkam. Sie meinte, der Fahrer würde uns an unserem Hotel absetzen. Nach weiteren fünf Minuten hielt er auch wirklich vor dem Hotel „Agadir Beach Club", welches wir gebucht hatten. Es machte von außen einen recht guten Eindruck und wir meldeten uns an der Rezeption an. Die Empfangshalle ist beeindruckend und orientalisch. Sie gefiel uns.

Wir checkten ein und mussten uns erst einmal frisch machen. Seit gestern Vormittag waren wir nun auf den Beinen. An Schlaf war auf dieser Reise nicht zu denken und man sah uns die vielen wachen Stunden auch in den Gesichtern an. Jetzt war es Mittag und wir wollten nicht ins Bett gehen, um Schlaf nach zu holen. Wir hatten gestern extra lange geschlafen, damit wir halbwegs bis heute Abend durchhalten.

Nachdem wir uns gesammelt haben, gingen wir das Hotel entdecken. Es ist ziemlich groß und wir hatten einen Lageplan von der Rezeption mitbekommen. Wie sich herausstellte, ist es eines der ältesten Hotels von Agadir, doch es ist sauber und gepflegt. Es gibt mehrere Bars und Restaurants, einen Pool im Innenhof, einen Brunnen mit Poolbar drum herum, natürlich einen Souvenirshop und einen Durchgang zum Strand.

neuer Highway nach Agadir

Hotel "Agadir Beach Club"

rechter Frontteil des Hotels

Lobby

Auf der Fahrt vom Flughafen zum Hotel überquerten wir einen Flusslauf, der gerade sehr viel Wasser, das heißt braune Brühe, mit sich führte. Das muss hier geregnet haben, wie es wohl nur selten vorkommt. Auf dem nächtlichen Flug über Spanien sah ich von oben, dass ganz Spanien unter Wasser steht. Die Wasserstellen reflektierten das Licht des Vollmondes und es war fast mehr Wasser als trockenes Land zu sehen. Es muss also eine riesige Regenfront über Marokko und Spanien gezogen sein. In den Gesprächen mit den Einheimischen bestätigte man uns, dass wir recht vermuteten. Es hat vor einer knappen Woche so viel geregnet, wie es die Menschen hier schon sehr lange nicht mehr gesehen haben. Es war noch immer alles nass, trotzdem die Sonne schon mehrere Tage wieder schien.
Zu unserem großen Bedauern, wurde die ganze braune Brühe aus den Flüssen ins Meer gespült und das Meer war nicht blau, sondern fast ebenso braun. Dabei hatten wir uns so auf ein schönes sauberes Meer gefreut.

Diese Wetterlage wirkte sich natürlich auch auf die Temperaturen aus. Die ersten drei Tage unseres Aufenthaltes war es ziemlich kühl, aber in den letzten vier Tagen kletterte das Thermometer gegen 11 Uhr auf über 20°C. Nachts dagegen wird es um diese Jahreszeit auch in Marokko kalt, weit unter 10°C, aber das wussten wir und haben entsprechende Kleidung mitgenommen.

Was uns zuerst auffiel war das fröhliche Vogelgezwitscher überall. Das herrliche und satte Grün ließ uns aufatmen. Eine Woche Frühling, herrlich, bevor wir wieder in den heimischen Winter zurück müssen.

Nach den ersten Erkundungen im Hotel erreichten wir über einen Durchgang die Strandpromenade, die gleich auf der anderen Hotelseite verläuft und keine Straße ist. Dahinter schließt sich der breite Strand an. Von hier starteten wir zu unserem ersten Stadtbummel. Wir machten erste Bekanntschaft mit dem nicht gerade einladenden Meer und bummelten die Promenade Richtung Hafen entlang.

Strandfront des Hotels "Agadir Beach Club"

Strand von Agadir

Blick zu Hafen und Kasbah

das Atlasgebirge im Hintergrund

Irgendwann bogen wir Richtung Stadt ab. Zum Hafen war es jetzt zu weit. Den wollten wir ein anderes Mal besuchen.

Wir trafen auf eine Art Künstler- und Folkloremarkt in Zelten. Hier wurden kunsthandwerkliche Dinge wie Schnitzereien, Ledersandalen, Möbel oder Jelabas, wie hier die traditionelle Kleidung heißt, angeboten. Die Preise waren allerdings recht überzogen. Wir nahmen also diesen Rundgang als informatives Vergnügen. Uns fiel auf, dass wir hier nicht von den Verkäufern angesprochen wurden, so dass wir uns also alles in Ruhe ansehen konnten.

Kunst- und Folkloremarkt

Ein Stück weiter über die Straße erreichten wir einen Vogelpark. Der Eintritt ist frei. Das interessierte uns und wir spazierten durch den Park.

Parallelstraße zur Promenade

Wallaby

asiatischer Bergziegenbock

Außer jeder Menge Vögel, von Singvögeln bis zu Kranichen, dürfen die Besucher auch Bergziegen, Wallabys und andere Exoten bestaunen. Es ist eine sehr große Anlage, die zwar schön angelegt ist, doch machte uns der Zustand der meisten Tiere nachdenklich. Es scheint nicht genug Geld für die Pflege da zu sein. Dem Besucheransturm durch die Einheimischen tut das keinen Abbruch. Es ist praktisch ihr Erholungsgebiet.

Auf dem Rückweg zum Hotel suchten wir einen Supermarkt, um uns ein paar Kleinigkeiten zum Naschen zu kaufen. Ein Schild wies uns den Weg, aber wir landeten in einem kleinen Souk. Morgen Vormittag bekommen wir von der Reiseleitung eine Einweisung, dann werden wir schlauer sein, was Einkaufsmöglichkeiten und Preise betrifft.

Erst einmal kehrten wir ins Hotel zurück und gönnten uns ein marokkanisches Bier an der Bar. Es schmeckte erstaunlich gut.

Für 19 Uhr hatten wir vom Hotel eine Einladung zum Cocktail mit anschließendem Abendessen bekommen. Heute war Heilig Abend, doch so weit weg von zu Hause, in einem muslimischen Land, merkt man nichts davon. So dachten wir bis jetzt.

Erst einmal ruhten wir uns ein wenig aus, denn wir waren echt müde. Die Sonne war inzwischen unter gegangen und es wurde kalt. Kurz vor 19 Uhr gingen wir nach unten. Die Bar wurde pünktlich eröffnet und jeder konnte sich in der kommenden halben Stunde an einer großen Auswahl an Cocktails bedienen. Kurz darauf bot eine Bedienung noch Sekt an. So lassen wir uns gern auf den Urlaub einstimmen.

Etwas später begann eine Folklorevorstellung, dargeboten von einer Gruppe Berber. Die Berber stellen die Mehrheit der Bevölkerung Marokkos. Sie sind in ganz Nordafrika beheimatet und kamen ursprünglich von der arabischen Halbinsel. Wir hatten schon in Tunesien und Ägypten mit dieser Menschengruppe zu tun. Sie haben sich bis heute ihre alten Lebensweisen bewahrt, allen Eroberungen und Zivilisationsversuchen zum Trotz.

Die vier Frauen und vier Männer spielten Musik, sangen und tanzten und brachten somit ihre Volksweisen den Besuchern des Hotels näher. Dabei ging es recht laut und lebensfroh zu. Dann und wann wurden auch die Urlauber in die Tänze eingebunden. Es machte Spaß ihnen zu zusehen.

Nach der halben Stunde Cocktail-Time kam der Weihnachtsmann zu den Kindern, anschließend begann das Gala-Dinner. Wir wussten gar nicht wie uns geschah, denn wir hatten kein Weihnachtsessen gebucht. Umso größer war daher die Überraschung. Das Hotel gab sich alle Mühe, den Urlaubern fern der Heimat ein unvergessliches Weihnachtsfest zu bereiten. Alles war aufs Schönste geschmückt, die Tische liebevoll gedeckt, die Kellner waren mehr als aufmerksam und erst das Essen…, das Essen war wundervoll. Selten haben wir so toll gegessen. Es war ein Erlebnis für unsere Geschmacksnerven. Alles war wunderbar aufeinander abgestimmt und jeder Gang überraschte mit Neuem. Unsere Begeisterung kannte keine Grenzen. Als uns dann der Kellner auch noch einen marokkanischen Rotwein empfahl und wir diesen probierten, wussten wir nicht mehr, was wir sagen sollten, einfach nur fantastisch.

Dieser Einladung des Hotels waren wir gerne gefolgt:

Invitation - Einladung

24-12-2010

Veillée de Noël
Christmas evening
Heiligabend

Cher Client,

La Direction et le personnel de l'Hôtel LTI-*AGADIR BEACH CLUB* vous invitent à un cocktail à 19h00 dans les salons de l'Hôtel. Le dîner sera servi à partir de 20h00 dans les Restaurants *International, Roma et Espadon*.

Dear guest,

The management and staff of the LTI-AGADIR BEACH CLUB hotel have the pleasure to invite you to a cocktail at 7 PM in the lounge. The dinner will be served from 08.00 PM in the Restaurants : International, Roma and Espadon.

Sehr geehrter Gast,

Die Direktion und das Personal vom Hotel LTI-*AGADIR BEACH CLUB* freuen sich, Sie zu einem Cocktail einzuladen und zwar um 19.00 Uhr im Salon. Das Abendessen wird im *Internationalen* Restaurant - *Roma und Espadon* ab 20.00 Uhr serviert.

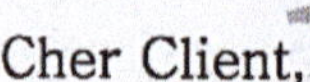

Berber-Folklore zu Weihnachten

Weihnachten im
marokkanischen Hotel

Weihnachtsmenü

musikalische Einlage der Angestellten

So fein, wie sich die Speisekarte des Weihnachts-Dinners anhört, war das Essen auch. Das Essen war so reichlich, dass wir den Weihnachtskuchen nur noch auf Drängen unseres Kellners probierten. Wir bekamen nicht den kleinsten Bissen mehr hinunter, auch wenn es noch so gut war.
Am Nebentisch saß ein älterer Herr alleine. Einer der Hotelangestellten stellte sich eine ganze Weile als Gesellschafter zur Verfügung. So etwas haben wir bisher noch nicht gesehen und freuten uns für den Herrn.
Nach ein paar wunderschönen Stunden, in denen wir uns prächtig amüsierten, gaben wir unserem Kellner, der uns den ganzen Urlaub hindurch begleitete, 5,- Euro Trinkgeld und ein Kompliment an die Küche. Der war daraufhin so begeistert, das er nach einer kurzen Weile mit einem kleinen Teller wieder kam, auf dem hausgemachte Pralinen lagen. Wir bedankten uns herzlich und gingen auf unser Zimmer, um endlich, nach gut eineinhalb Tagen, in unseren verdienten Schlaf zu fallen.
Das war jedenfalls ein völlig unvermutetes Weihnachtsgeschenk. Niemand hätte das übertreffen können. Das ganze Team des Hotels „Agadir Beach Club" wuselte nur so für die Gäste und alle schienen zufrieden. Vielen Dank.

Um 9.15 Uhr wurden wir zum Einführungsgespräch in ein anderes Hotel abgeholt. Wir bekamen eine halbe Stunde lang Informationen über Marokko, die TUI und Ausflüge, die wir buchen konnten.
Der arabische Name von Marokko ist al-maghrib, aber nicht die Araber und auch nicht die Berber sind die Ureinwohner Marokkos, sondern die Juden waren viel früher da. Daher rührt auch der Stern in Marokkos Flagge, nur das dieser fünf statt sechs Spitzen hat. Juden leben allerdings heute kaum noch in Marokko.
Die Bezeichnung Marokko leitet sich von der ehemaligen Hauptstadt Marrakesch ab und hat sich seit zirka fünfzig Jahren durchgesetzt. Bis zur Unabhängigkeit von Frankreich und Spanien war es das Maghrebinische Königreich.

Marokko´s Flagge

Das Land selbst ist im Norden fruchtbarer als im Süden. Im Norden wird viel Obst- und Gemüseanbau betrieben, die Gegend von Agadir ist bekannt für ihr Arganöl (werde ich später noch erklären) und je weiter man in den Süden kommt, umso mehr breitet sich die Wüste aus. Hier lebt dann auch der größte Teil der Nomaden, diejenigen

Berber, die dem Wasser und dem Futter für die Tiere hinterher ziehen. Im Norden sind die Berber auf Grund der größeren Wassermengen weitgehend sesshaft geworden und betreiben eine einträgliche Landwirtschaft.

Marokko wird geprägt durch die vier Teile des Atlasgebirges, die die westlichsten Ausläufer des riesigen Atlasgebirges sind, das sich von Marokko bis nach Tunesien erstreckt. Genauer gesagt, sind es nur drei Teile: der mittlere Atlas südlich von Meknes, der Hohe Atlas südlich von Marrakesch und der Antiatlas östlich von Agadir. Der kleine Gebirgszug ganz im Norden Marokkos nennt sich Rif. Es gibt also allerhand zu entdecken in Marokko, was auch viele Wohnmobilisten und Geländewagenfreaks zu schätzen wissen. Das östlichste Ende des Atlasgebirges kennen wir aus dem Tunesienurlaub schon.

Nach dieser Einweisung, bei der wir für den Nachmittag eine Stadtrundfahrt durch Agadir buchten, bummelten wir auf der Promenade zurück zu unserem Hotel. Der Strand sah im Moment wie nach einem Tsunami aus. Unmengen von Müll und Unrat waren angespült worden und die Arbeiter wuselten, um den Strand wieder sauber zu bekommen. Der Regen muss wirklich furchtbar gewesen sein. Hatten wir ein Glück, dass wir nicht eine Woche früher gekommen sind.

Zum Mittag aßen wir einen Salat mit Tomatenscheiben, Ei und reichlich Thunfisch nebst Dressing und Brot an der Poolbar. Der war sehr lecker und sehr frisch. Trotzdem die Sonne scheint, ist es kühl. Ohne Jacke ist da nichts zu machen.

Um 14 Uhr holte man uns zur Stadtrundfahrt ab. Nachdem wir die anderen fünf Hotels angefahren haben, um weitere interessierte Urlauber aufzunehmen, fuhren wir zuerst zum Berbermuseum in der Stadt. In einem Teil des Museums, der aus mehreren Räumen besteht, ist der Schmuck nur einer Berberfamilie ausgestellt. Richtig, der Schmuck einer Berberfamilie benötigt mehrere Räume. Marokko ist das Land des Silbers.

Der ganze Schmuck besteht aus schwerem Silber und ist sehr raumgreifend. Riesige Kopfbänder, an denen der Ohrschmuck befestigt ist, der nicht minder groß ist. Kein Ohr der Welt hält diese Gewichte aus. Deshalb ist der Ohrschmuck an Kopfbändern befestigt. Noch größer sind die Ketten, dazu Fuß- und Armreife. Alles ist mit üppigen Bernsteinen, Korallen oder Edelsteinen besetzt. Das kostet mehr als ein Vermögen. Man erzählte uns, dass die jungen Leute sich heute kaum noch diesen Schmuck anlegen, weil er einfach viel zu schwer ist. Vorwiegend trug man diesen Schmuck zu Hochzeiten oder sonstigen Feierlichkeiten.

Das nächste Ziel war die größte Moschee von Agadir, die Hassan II.-Moschee, die zu den größten Moscheen der Welt zählt. Leider ist sie nur von außen zu besichtigen. Die Straßen werden von Bitterorangenbäumen gesäumt, deren Früchte gerade gut für die englische Marmelade oder als Zusatz in der Kosmetik sind.

Straße zur Hassan II.-Moschee

Bitterorangenbaum

Hassan II.-Moschee

Minarett

wunderschöne Ornamentik

Die nächste Station der Stadtrundfahrt war die Kasbah. Die ganze Altstadt von Agadir befand sich bis 1960 in und um die Kasbah auf dem Hügel. Es war ein mondäner Badeort, den ein verheerendes Erdbeben in der Nacht vom 29. Februar zum 1. März total dem Erdboden gleich machte. Kein Stein blieb mehr auf dem anderen, fünfzehntausend Menschen verloren ihr Leben. Das sind nur die, die geborgen wurden. In den Kellern der Kasbah sollen noch weitere Opfer liegen. Deshalb ist ein Großteil der Kasbah für Besucher gesperrt. Vereinzelt stehen um die Kasbah Ruinen und die zerstörte Zisterne lässt sich noch erkennen. Das einzig „überlebende" Gebäude, ein Marabou, steht oberhalb des Hafens.

Von der Kasbah hat man einen 360°-Blick über Agadir, die angrenzenden Berge und das Meer. Die unvermeidlichen Kameltreiber warten wie überall auf Touristen.

Mauer der Kasbah

Ruine

Tor zur Kasbah

Blick auf das neue Agadir

in der Kasbah

Reste der alten Stadt

Bucht von Agadir

Fischereihafen

die Werft

das Hinterland

Von hier oben kann man auch das Viertel mit den Sozialwohnungen sehen, die neu entstanden sind, denn die marokkanische Regierung möchte die Slums, die Armenviertel, auflösen. Die passen nicht mehr in das moderne Agadir, erklärte uns der Reiseleiter für diese Tour. Die Leute müssen dann umziehen, ein Drittel der Miete übernimmt die Stadt.

traditioneller Bootsbau auf der Werft

Nach diesem Besuch fuhren wir zur Marina, dem teuersten Stadtviertel, zum Fischereihafen und zur Werft, wo wir uns ein wenig umsehen durften. Schon immer ist der Hafen von Agadir ein Umschlagplatz für den Welthandel und wo ein Hafen ist, muss es auch Schiffbau und Reparaturmöglichkeiten geben.

Fischereihafen

Als unser Bus den Fischereihafen verlassen wollte, kam ein Gabelstapler mit einem Boot auf den Gabeln entgegen. Obwohl der Fahrer sah, dass er nicht zwischen dem Bus und der Mauer durchkommen würde, versuchte er es trotzdem und... blieb stecken.

ungewöhnlicher Gegenverkehr

Unser Busfahrer versuchte, rückwärts zu fahren, um Platz zu gewinnen. In dem Moment hupte es von hinten. Der Bus war auf den dahinterstehenden PKW gefahren. Das Unglück war komplett. Es verging eine viertel Stunde, bis alles geregelt war und wir weiter fahren konnten. Am Bus war nichts weiter passiert.

Beim Verlassen des Geländes konnten wir noch einen Blick auf das Marabou werfen, das als einziges Bauwerk das besagte Erdbeben „überlebt" hat.

im Hintergrund das Marabou

Die letzte Station der Stadtrundfahrt war der Besuch des größten Souks von Agadir. Auf dem Weg dorthin fuhren wir durch das „Schweizer Viertel". Das ist eine Villengegend und das erste Stadtviertel, das nach dem Erdbeben errichtet wurde. Die Schweizer waren die ersten Helfer in der Not, die natürlich auch Wohnraum für die Zeit des Wiederaufbaus benötigten.

Der Souk el Had soll an die zwanzig Eingänge in der Mauer haben, die ihn umgibt. Es ist unwahrscheinlich, dass man durch den selben Eingang heraus geht, durch den man herein gekommen ist. Das Wegegewirr innerhalb des Souks ist sehr verwirrend, vor allem, wenn man sich auf die unzähligen Shops mit ihren bunten oder duftenden Angeboten konzentriert.

Wir sind jetzt das erste Mal mit unserem Reiseleiter hier. Der führte uns zur Orientierung ein paar Wege entlang, bis wir am anderen Ende am Obst- und Gemüsemarkt herauskamen. Wir hatten nicht wirklich Zeit, uns auf das Geschehen einzulassen. Zum Schluss des Rundganges bekamen wir eine halbe Stunde zur eigenen Verfügung, doch das war nicht genug, um ernsthaft loszuziehen. So besuchten wir nur die Läden in unmittelbarer Nähe, wobei wir von einem Marokkaner angesprochen wurden, der sehr gutes Deutsch sprach. Er erzählte uns, dass er in Deutschland eine eigene Firma besitzt. Er hat hier einen Freund, der Gewürze verkauft und das beste Ras-el-Hanout führt, das man bekommen kann. Das ist eine Gewürzmischung für Fleisch und Gemüse. Wir hatten davon noch nie etwas gehört, doch er ließ nicht locker. Wir sollten riechen und probieren und man kann es wirklich universell einsetzen. Nach einer ganzen Weile und einige Preisverhandlungen später kauften wir einhundert

Gramm für 50,- Dirham. Unser Reiseleiter meinte, es wäre ein guter Preis und das Gewürz wäre aus der marokkanischen Küche nicht wegzudenken.

Auf jeden Fall werden wir uns irgendwann genügend Zeit nehmen, um den Souk noch einmal in aller Ruhe zu besuchen.

im Souk el Had

vor dem Souk

Gegen 18 Uhr waren wir im Hotel zurück, es ist dunkel und kalt.

In der Nacht wurde ich von lauten Vogelrufen geweckt. Rund um das Hotel halten sich sehr viele Möwen auf, die den ganzen Tag nicht zu überhören sind. Abends war es ruhig geworden, bis zu diesem Zeitpunkt. Da sich zwischen die Möwenrufe auch andere Laute mischten, ähnlich der Kranichrufe, die wir zu Hause jedes Jahr im Frühjahr und im Herbst hören, war ich der Meinung, dass es vielleicht Flamingos gewesen sein könnten. Nicht weit Richtung Süden liegt ein Naturschutzgebiet, in dem unter anderem Flamingos leben, erzählte man uns.

Wir mussten sehr früh aufstehen, bekamen noch vor der offiziellen Frühstückszeit unser Frühstück, dann holte uns ein Bus zur gebuchten Marrakeschfahrt ab. Wir hatten die Fahrt mit einem inkludierten Abendessen gebucht. Wenn schon, denn schon, denn wir wollen so viel wie möglich erleben. Eine Woche ist wahrlich nicht lang, um ein Land kennen zu lernen.

Die Sonne ging langsam auf, während der Bus durch die ganz neuen Stadtviertel von Agadir Richtung Nordwesten fuhr. In Agadir wird gebaut, als gäbe es kein Morgen. Sämtliche Wohnblocks und Gewerbegebäude sehen sehr neu aus. Selbst die vierspurige Straße, die Agadir durchzieht, gibt es noch nicht lange. Die Autobahn zwischen Agadir und Marrakesch ist erst vor vier Jahren eröffnet worden und verkürzt die Fahrtzeit von vier auf drei Stunden. Sie reicht bis nach Casablanca.

Rechts und links der Straßen wachsen Argan-Bäume, die nur im Umkreis von zirka sechzig Kilometern um Agadir herum gedeihen, sonst nirgendwo auf der Welt. Sie werden auch Ziegenbäume genannt, weil sich die Ziegen gern das leckere Fruchtfleisch der Nüsse holen, indem sie auf die Bäume klettern.

Die Kerne der Nüsse sind zu hart. Sie werden von den Frauen gesammelt, geröstet und gepresst. Das Öl, welches dann aus der Mühle fließt, ist reich an Vitamin D und E und an Omega 3 und 6 Fettsäuren. Aus sieben Kilogramm Nüssen gewinnt man einen Liter Öl. Dieses kann, je nach Weiterverarbeitung, in der Küche oder für medizinische Zwecke verwendet werden.

Für das reine Öl sind mindestens 300,- Dirham (30,- €) pro Liter zu bezahlen. Soll man weniger bezahlen, dann ist es zum Beispiel mit Honig gemischt oder von minderwertiger Qualität. In Deutschland gibt es dieses Öl auch, aber wesentlich teurer.

Die Autobahn führt durch die roten und über und über mit Arganbäumen bestandenen Berge des Hohen Atlas, in dem sich der höchste Berg Nordafrikas, der 4167 m hohe Djebel Toubkal, befindet. Der ist bis weit in den Sommer hinein noch schneebedeckt.

Für die Autobahn wurden viele Einschnitte in die Berge gegraben und die Landschaft neu modelliert. Großes Augenmerk wird dabei auf die Entwässerung gelegt. Den Dimensionen der Wasserrinnen nach, wird mit sehr viel Wasser gerechnet. Wie gesagt, es regnet nicht oft in dieser Gegend, doch wenn es regnet, dann kommt es heftig.

Die aufgehende Sonne bringt das Rot der Berge zum Leuchten, hier und da haben sich Nebelbänke gebildet. Es geht immer höher hinauf.

Fahrt durch den Hohen Atlas

Arganbäume

Berbersiedlung

rote Erde

Vereinzelt liegen Berberdörfer in der Landschaft. Die Berber nennen sich selbst „Imazighen", was so viel heißt wie „Freie". Wie gesagt, sie haben sich zum größten Teil ihre ursprüngliche Lebensweise bewahrt, egal wer da kam und das Land erobern wollte. Die anteilmäßig meisten Berber leben in Marokko, wo sie sechzig Prozent der Bevölkerung ausmachen. Sonst verteilen sie sich in ganz Nordafrika, Südspanien und den Kanaren.

langsam werden die Berge höher

Nebel steigt auf

Durch die abgelegenen Wohnorte haben noch immer viele Berberfamilien kein fließendes Wasser oder Strom. König Hassan II., danach sein Sohn Mohammed VI., haben jedoch inzwischen sechsundachtzig Prozent der Berberdörfer elektrifiziert und an das Wassernetz angeschlossen und es geht noch immer weiter, solange, bis alle in diesen Genuss kommen.

Wo kommt aber das ganze Wasser her, wenn es nur so wenig regnet? Auch hier hat Hassan II. für Abhilfe gesorgt. Er hat ein Programm beschlossen, nach dem jedes Jahr ein neuer Stausee gebaut werden soll. Inzwischen existieren einhundertfünfzig Stauseen in ganz Marokko, die die gewaltigen Regenmengen, wenn es denn einmal regnet, auffangen und nutzbar machen. Auf der anderen Seite fehlt dieses Wasser dem natürlichen Wasserkreislauf und ich weiß nicht, wie lange das gut geht.

Die Berber haben auch Moscheen in ihren Dörfern stehen, die sich nur schwer als solche erkennen lassen, weil sie keine Minarette besitzen. Das ist von den Menschen selbst so entschieden worden, damit die Intimität der Leute gewahrt bleibt. Das klingt komisch, doch durch die Höhe der Minarette kann der Muezzin in die Höfe der Bewohner sehen, die vor den Blicken Außenstehender eigentlich geschützt sein sollen. Irgendwie einleuchtend, finde ich.

Jedes Dorf wird von einem Rat regiert, der sich aus drei Kategorien von Männern zusammensetzt – den Reichen, den Alten und den Religiösen. Damit sind alle Lebensbereiche abgedeckt und es wird gemeinsam entschieden, ob zum Beispiel eine Moschee oder eine Zisterne gebaut wird, wie sich das Dorf entwickelt, eben alles.

Es müssen allerdings viele junge Berber weggehen, weil ihr Land nicht genug zum Leben hergibt. Sie kommen dann nur noch besuchsweise in ihre Dörfer zurück.

In Marokko gilt die Schulpflicht für alle Kinder von sechs bis fünfzehn Jahren. Sie lernen neben dem normalen Schulstoff auch drei Sprachen - Arabisch, Berber und Französisch, später kommt noch Englisch dazu. Die armen Kinder, aber in Marokko werden nun mal drei Sprachen parallel gesprochen.

So, nun wieder zu unserer Reise. Um 8.20 Uhr fuhren wir eine Raststätte an, um eine Kaffeepause einzulegen. Es ist eisig kalt in den Bergen, vor allem mit dem Wind, der hier weht.

Rast an der Autobahn

Schild an der Tankstelle

Autobahn nach Marrakesch

Eine dreiviertel Stunde vor Marrakesch sind die Berge weg und das Land ist eben und sehr trocken. Es gibt nur noch winzige Büsche, es sieht wüstenartig aus.

Kurz vor Marrakesch gibt es kleine Mandelbaumplantagen und es wird wieder grüner, Palmen wachsen, Merkmale einer Oase lassen sich erkennen.

Marrakesch ist mit heute 1,2 Millionen Einwohnern die viertgrößte Stadt Marokkos, nach Casablanca, Rabat und Fés und war schon drei Mal im Laufe seiner Geschichte unter verschiedenen Sultanen Hauptstadt. Zuletzt war das im 16. Jahrhundert der Fall. Gegründet wurde Marrakesch im 11. Jahrhundert als Karavanentreffpunkt und Handelszentrum. Marrakesch ist neben Meknés, Fés und Rabat, der heutigen Hauptstadt Marokkos, eine der vier Königsstädte.

Am Vormittag trafen wir in Marrakesch ein und wurden an der Medina abgesetzt.

Verkauf am Straßenrand

in Marrakesch angekommen

auf dem Weg zur Medina von Marrakesch

Zuerst besichtigten wir den Palast „Bahia". Er wurde erst im 19. Jahrhundert für die erste Frau des Sultans Bahia gebaut. Neben der ersten Frau durften die Sultane und alle die, die es sich leisten konnten, drei weitere Ehefrauen haben. Das war der Harem. Neben dem Harem hatten die Herrscher weitere Frauen, die Konkubinen. Diese kamen zum Beispiel als Geschenk oder aus anderen Gründen in den Palast des Herrschers. Dort blieben sie in der Regel bis zum dreißigsten Lebensjahr und waren dann frei, durften machen was sie wollten, sogar heiraten.

Der Harem hatte seinen eigenen Bereich. Die Frauen durften aber auch die Räumlichkeiten der Konkubinen nutzen, jedoch nicht umgekehrt.

Der Palast besitzt unzählige Räume, die sich um mehrere kleine Innenhöfe gruppieren, in deren Mitte ein Brunnen steht und die reich bepflanzt sind. Die Räume sind prächtig mit Ornamenten verziert und haben noch prächtigere Decken aus geschnitztem Zedernholz. Die Fußböden wurden mit Mosaiken ausgelegt, die Fenster- und Türrahmen sind ebenfalls prächtig geschmückt, alles sehr orientalisch, versteht sich.

Dann gibt es noch einen großen Innenhof, um den die Wohnräume der Konkubinen liegen.

Leider stehen keine Möbel in den öffentlich zugänglichen Räumen. Die haben sich die Familienmitglieder in ihre anderen, noch bewohnten Paläste mitgenommen. Die öffentlich zugänglichen Räume werden durch die Unmenge an Besuchern arg in

Mitleidenschaft gezogen. Es muss jedoch noch einen anderen, einen sehr noblen Bereich geben, denn in diesem Palast werden noch heute hohe Staatsgäste untergebracht.
Die üppigen Gärten der kleinen Innenhöfe geben vielen Vögeln ein zu Hause. Das Zwitschern und Singen der Vögel ist eine Wohltat für die Ohren. Es wachsen unter anderem Zitronen- und Grapefruitbäume hier, die im Moment mit den schönsten Früchten behangen sind. Dieser Palast muss einmal das Paradies gewesen sein.

Medina

Kaktus

im Bahia-Palast

orientalische Ornamentik

prächtige Arbeiten

Innenhof für die Konkubinen

Nach dieser Besichtigung spazierten wir im Rahmen der Führung durch ein paar enge und verwinkelte Gassen der Medina, bis wir das Restaurant für unser Mittagessen erreichten. Wir wussten jedenfalls nicht, wo wir waren und als Fremder findet man diese Ecken sowieso nie.

Restaurant

über den Dächern der Medina

In den ersten zwei Etagen dieses Hauses sind Teppichläden untergebracht. Die zwei oberen Etagen gehören zum Restaurant, das in mehrere „Abteile" unterteilt ist. Wir saßen ganz oben unter einem Zelt und hatten einen tollen Blick über die Dächer der Medina. Wir wurden mit Salaten als Vorspeise, Tagine zum Hauptgang und Mandarinen als Dessert bewirtet, dazu gab es reichlich Brot. Alles schmeckte wunderbar und an frischer Luft lässt es sich ja bekanntlich am besten essen.
Tagine ist das traditionelle Gericht der Marokkaner, das in den gleichnamigen Topf mit dem hohen kegelförmigen Deckel über Holzkohlenfeuer zubereitet wird. Hierin werden Couscous, Fleisch, Gemüse, Fisch, eben alles lecker und saftig gegart. Die

marokkanischen Gewürze wie Ras-el-Hanout oder Kurkuma geben dem Gericht ein einmaliges Aroma.

Koutoubia Moschee

Toilettenfenster des Restaurants,
Überbleibsel aus der Haremszeit

Nach dieser hervorragenden Stärkung war der Platz der Geköpften, marokkanisch: Jemaa el Fna, das nächste Besichtigungsziel. In früheren Zeiten diente dieser Platz als Hinrichtungsplatz. Sehr beliebt dabei war wohl das Köpfen. Die abgetrennten Köpfe steckte man auf Spieße und stellte sie zur Abschreckung auf dem Platz aus.
Heute hat der Platz einen besseren Namen, wenn auch inoffiziell: der Gauklerplatz. Den ganzen Tag trifft man auf Gaukler, Artisten, Spieler und andere Selbstdarsteller, die sich mit den Auftritten ihren Lebensunterhalt verdienen. Natürlich werden auch die Touristen geschröpft, doch die meisten Einnahmen stammen von den einheimischen Zuschauern, die sich über die Jahrhunderte hinweg immer noch locken lassen.
Südwestlich des Jemaa el Fna steht die große Koutoubia-Moschee, die leider ebenfalls nur von außen zu besichtigen ist.

Koutoubia-Moschee

Kutschenstation für Stadtrundfahrten

Jemaa el Fna – Platz der Geköpften

reges Treiben schon tagsüber

unter Gauklern

Wasserträger

Wir werden noch zweimal Gelegenheit haben, das unvergleichliche Flair dieses Platzes in uns auf zu nehmen und zu genießen. Vorher besuchten wir jedoch eine Apotheke, um uns über das Arganöl zu informieren. Das einhundertprozentige Arganöl wird als wahres Wundermittel gegen alle möglichen Hautkrankheiten wie Neurodermitis, Gürtelrose und so weiter gepriesen. Es lässt sich aber auch als Massageöl und auf Grund seiner vielen Antioxidantien zur inneren Anwendung verwenden. Das eingeatmete ätherische Öl der gemahlenen Argansamen soll ein Anti-Schnarchmittel sein. Es gibt eigentlich nichts, was man mit Argan nicht behandeln kann.
Für kosmetische Zwecke werden aus Arganöl verschiedene Cremes und Seifen hergestellt, denen dann verschiedene Zusätze wie Rosenblätter, Zitrone und andere für sich wirksame Ingredienzien zugesetzt sind.
Leider entpuppte sich dieser Apothekenbesuch als Verkaufsveranstaltung, mit der keiner wirklich einverstanden war. Es wurde nur sehr wenig gekauft, denn alle zog es wieder zum Gauklerplatz.

Apotheke

Süßigkeiten-Stände im Souk

Auf dem Weg zum Jemaa el Fna kamen wir durch den riesigen Souk, der sich nördlich an den Gauklerplatz anschließt und einen großen Teil der Medina einnimmt. Hier wollten wir noch einiges mehr von der Gewürzmischung Ras-el-Hanout kaufen, um es unseren Wüstennachbarn, die schon sehr lange nicht mehr in Marokko waren, mit zu nehmen. Die werden sich freuen. Es war nicht einfach, einen Gewürzhändler zu finden, denn wir waren gerade in der „Klamottenecke". Nach einigem Suchen und Hilfestellung der Einheimischen fanden wir dann einen. Der wollte für einhundert Gramm 100,- Dirham haben, bezahlt habe ich nach harten Verhandlungen 30,- Dirham. Das war zwar immer noch zu viel, aber noch im Rahmen. Man sollte das nicht so eng sehen.

Jetzt waren wir im Gewürzrausch und wollten unseren Vorrat auch noch etwas aufstocken, als wir einen Händler fanden, der ohne zu handeln 20,- Dirham für einhundert Gramm verlangte. So kauften wir gleich noch einen Beutel Ras-el-Hanout und einen Beutel Fischgewürz ohne Namen.

Irgendwie fanden wir dann auch aus dem Gewirr der Händlergassen heraus und auf den Gauklerplatz. Jetzt verblieben noch gut zwei Stunden Zeit, uns weiter umzusehen. Um 17.30 Uhr sollten wir uns alle treffen, um zu Abend zu essen.

Schuhhändler

der Hohe Atlas im Blick des Jemaa el Fna

Bei unserem neuerlichen Rundgang über den Platz trafen wir auf Schlangenbeschwörer, Fetischverkäufer, eine Kräuterfrau und den Zahnarzt mit jeder Menge alter Zähne und Gebisse. Ob er dafür einen Käufer findet?

Zwischendurch tranken wir in Ruhe einen Kaffee und beobachteten das Treiben etwas unbeteiligter.

Langsam begann die Dämmerung und das Bild änderte sich auf dem Jemaa el Fna. In ungeahnter Schnelligkeit wurden die Garküchen auf dem Platz aufgebaut und schon gab es die ersten Leckereien. Wenn es dunkel ist, wird der halbe Platz voller Garküchen sein, und das auch schon wie seit ewigen Zeiten.

Eine ganze Reihe kleiner Imbissstände bietet dann gegarte Schnecken an. Schnecken sind als Delikatesse so gar nicht mein Ding. Die Beschreibung derer, die schon Weinbergschnecken gegessen haben, reichen von geschmacklos bis gummiartig. Selbst mit der schönsten Soße können die nicht besser werden. Jetzt muss ich aber dazu sagen, dass wir im vorletzten Urlaub in der Normandie Meeresschnecken gegessen haben. Die gab es schon gegart im Supermarkt zu kaufen und man konnte sie kalt essen. Nachdem Klaus ein paar von denen probiert hatte und meinte, die wären lecker, versuchte ich es ebenfalls und war positiv überrascht. Die schmeckten wirklich gut, leicht nach Fisch und Meer und ganz zart.

Jetzt bekam ich hier eine neue Gelegenheit, meinen kulinarischen Horizont in Sachen Schnecken zu erweitern. Ich weiß nicht wie diese Schnecken heißen, die hier verkauft werden. Die Gehäuse sind recht klein, hell mit dunklen Streifen. Sie kommen ein paar Minuten in eine heiße, große Pfanne mit würziger Soße und dann sind sie fertig zum Verzehr.

Die ersten Einheimischen aßen die Schnecken schon mit Wonne und Klaus war nicht mehr zu halten. Er musste einfach probieren. Eine kleine Schüssel voll kostete 50,- Dirham, gerade 0,50 €. Die Köpfe der ziemlich kleinen Schnecken schauten aus ihren Häusern heraus. Es sah aus, als würden sie uns ansehen. Klaus meinte, dass sie lecker seinen, vor allem die marokkanische Soße ist nicht zu übertreffen. Ich sollte auch unbedingt eine davon probieren. Das tat ich dann sehr vorsichtig, sie schmeckte wirklich gut. Dann probierte ich noch eine und noch eine, bis ich mir eine eigene Schüssel holte.

Schneckenverkäufer

Schnecken in marokkanischer Soße

klein, aber fein

weitere Delikatessen sind ebenso zu haben

Es war immer noch Zeit bis zum Treffen und wir schlenderten kreuz und quer durch ein paar Gassen der Medina. Es gibt in diesem Teil nur vereinzelte Läden, hier und da ein kleines Hotel, ansonsten spielt sich das normale Leben abseits des Tourismus ab. Inzwischen hatten sich lautstarke Musikanten auf dem Platz eingefunden, die wie die Weltmeister trommelten.

Es soll ein einmaliger Anblick sein, wenn man sich das Treiben auf dem Jemaa el Fna von oben ansieht. Da wir uns vor einem Restaurant treffen wollten, das einen Dachgarten besitzt, nahmen wir an, dass wir auch dort essen würden. Wir wurden jedoch enttäuscht und so entging uns die Möglichkeit der Draufsicht auf das Treiben des Platzes.

Stattdessen liefen wir eine ganz schön lange Strecke zu Fuß durch verschiedene Straßen und Gassen weit weg von der Medina. Der Gestank der Abgase ist jetzt am Abend besonders schlimm. Wir bekamen kaum Luft. Da braucht man wohl ein ganzes Jahr, um den Dreck wieder aus den Lungen zu bekommen. Wir leben schon lange auf dem Lande, für uns war es besonders schlimm.

Irgendwann standen wir dann vor einem unscheinbaren Restaurant in einer abseits gelegenen Gasse. Wo sind wir denn jetzt schon wieder gelandet? Uns beschlichen Zweifel, denn von außen sieht es wie die letzte Absteige aus. Als wir jedoch drinnen waren, fanden wir uns in einem Palast wieder. Die Decken, Wände und Säulen sind über und über mit Ornamenten verziert, die Tische schön gedeckt. Damit hatten wir nicht gerechnet und wir kamen uns wie die wichtigsten Leute vor.

Zuerst war unsere Gruppe allein, doch wenig später kamen eine marokkanische Familie und viele Angehörige herein. Anscheinend hatten sie etwas zu feiern. Sie nahmen fast den ganzen Gastraum ein.

Bewirtet wurden wir mit Getränken unserer Wahl, Salat, Couscous aus der Tagine und Mandarinen. Den Abschluss bildete der traditionelle Minztee.

Während des Essens betrat eine Gruppe Musikanten und Sängerinnen den Saal. Wir waren der Meinung, dass sie von der Gesellschaft bestellt worden waren, doch inzwischen haben wir erfahren, dass es üblich ist, dass solche „Unterhalter" von Restaurant zu Restaurant tingeln und für gute Stimmung sorgen.

speisen wie in einem Palast

Langsam wurden wir müde, laufen war auch schon schlecht, nachdem wir den ganzen Tag auf den Beinen und dazu noch in aller Frühe aufgestanden waren. Da erfuhren wir, dass es noch einmal zum Jemaa el Fna geht, allerdings mit dem Bus. Sonst hätte ich jetzt auch gestreikt. Wir sollten uns das Feeling des beleuchteten Treibens nicht entgehen lassen, riet man uns.
Der Bus hielt an der Südseite des Platzes, dort wo die Koutoubia-Moschee steht. Wir rafften uns noch einmal auf, um die dreiviertel Stunde, die uns zur Verfügung stand, zu nutzen und uns ins nächtliche Getümmel von Gauklern, Erzählern, Selbstdarstellern und den so zahlreichen Zuschauern zu stürzen, dass kaum ein Durchkommen war.
Bei den Garküchen herrschte jetzt Hochbetrieb und jeder wollte uns als Gäste haben. So gern wir angenommen hätten, aber wir hatten schon sehr reichlich gegessen und Zeit blieb auch keine mehr. Es sah jedenfalls alles superlecker aus.

nachts auf dem Jemaa el Fna

Während wir auf den Bus warteten, denn auf dem Parkplatz darf er nur halten, nicht parken, beobachteten wir den nächtlichen Betrieb an der Kreuzung zwischen dem Gauklerplatz und der Koutoubia-Moschee. Autos, Kuschen, Mopeds, Fußgänger, alles folgte irgendeiner geheimnisvollen Ordnung, auch wenn das anders aussah. Es gibt zwar Ampeln, deren Signale werden jedoch recht lasch beachtet. Es wundert uns immer wieder, wie bei solch einem Verkehr die Autos heil bleiben. Man sieht kaum eine Beule. Die armen Pferde vor den Kutschen sind auch nicht zu beneiden. Sie gehen stoisch ihren Weg, was bleibt ihnen weiter übrig.

Die Fußgänger lassen sich von den Autos nicht einschüchtern. Wir Europäer nehmen immer die Beine in die Hand, wenn ein Auto kommt. Von den Marokkanern und auch in allen anderen Ländern, wo das so zugeht, sieht man das nicht. Da halten die Autos und lassen die Fußgänger vorbei. Da wird niemand umgefahren und auch nicht beschimpft. Wer zuerst kommt, malt zuerst. So ist das und so geht es gut.

nächtlicher Straßenverkehr in Marrakesch

Um 20 Uhr kam der Bus und quälte sich in Richtung Agadir aus der Stadt. Am Vormittag in die Stadt zu kommen war gar kein Problem, aber jetzt sind die Straßen verstopft und es dauerte eine Weile, bis wir die Stadtgrenze erreichten.

Eine halbe Stunde vor Mitternacht kamen wir fix und fertig im Hotel an, bloß noch ins Bett. Es war ein harter Tag, aber er war es wert. Marrakesch hat natürlich noch einiges mehr zu bieten, aber das ist an einem Tag nicht zu schaffen.

In der Nacht fror ich, es ist mit nur einer dünnen Decke einfach zu kalt. Um 8.30 Uhr mussten wir schon wieder aufstehen, weil wir einen Termin mit Toufiq, unserem TUI-Reiseleiter vor Ort hatten, um uns über weitere Ausflugsmöglichkeiten schlau zu machen.

Vorher frühstückten wir jedoch noch gemütlich. Auf dem Weg nach unten baten wir die Reinigungsfrauen um eine zweite Decke. Sie würden uns eine bringen, kein Problem.

Bei dem Termin mit Toufiq buchten wir zwei weitere Ausflüge. Eine Woche ist wirklich nicht lang, da muss man sehr genau entscheiden, was man sehen möchte und wo man zurück stecken muss. Für uns stand jedenfalls fest, dass wir noch etwas vom Landesinneren sehen möchten. Da werden verschiedene Touren angeboten, wie Besuche bei den Berbern, eine Rundtour durch mehrere Oasen oder auf den Spuren der

Sultane wandeln. Die Wahl fällt dabei schwer und wir studierten das vorliegende Material. Wir hatten uns für eine Ganztages-Tour „Assaka - Auf den Spuren der Nomaden" mit dem Geländewagen und für eine Halbtagestour „Immouzer - Paradies im Hohen Atlas" entschieden. Dazu kommt noch, das die Touren jeweils nur ein oder zweimal die Woche stattfinden.

Nachdem wir das geregelt hatten, stand uns der restliche Tag zur freien Verfügung. Im Gegensatz zu den ziemlich kühlen letzten Tagen ist es heute richtig warm. Ich kann endlich die Schlappen anziehen, die ich mitgebracht habe. Eine Jacke war bei 19°C auch nicht nötig. So gefiel uns das Wetter wesentlich besser, dafür sind wir nach Marokko gekommen.

Wir wollten uns die Prachtstraße von Agadir ansehen, die Avenue Hassan II. Naja, ein paar Boutiquen und teure Geschäfte gibt es schon, aber die Fußwege lassen zu wünschen übrig und mindestens ein Viertel der Läden und Wohnungen stehen leer. Wer kann sich das leisten?

Auf unserem Bummel fanden wir dann diesen Fahrzeug-Eigenbau, ein Zwischending zwischen Motorrad und Kleinstauto. Einige Teile waren auch schon lose daran, doch es zog die Blicke der Vorübergehenden magisch an.

ein Unikat

Irgendwann bogen wir dann links ab und spazierten durch die Nebenstraßen wieder zurück. Auf diesen Straßen spielt sich eher das Leben der Einheimischen ab, hier gibt es die kleinen Lädchen und Werkstätten sowie kleine Cafés.

In einem kleinen Supermarkt holten wir uns eine Flasche Wasser, denn wir hatten Durst, dann spazierten wir weiter bis zum Eingang des Vogelparks, den wir am ersten Tag besucht hatten. Auf dem Platz davor stehen ein kleines Restaurant, ein Imbiss und ein Souvenirshop. Wir suchten uns im Außenbereich des Restaurants einen Tisch und bestellten Tagine mit Lammfleisch und Gemüse, dazu gab es schwarze und grüne Oliven und Rote Beete. Wir mussten zwar eine Weile warten, doch dafür war es frisch zubereitet und schmeckte hervorragend. Ein gutes marokkanisches Bier rundete das Essen ab.

Lammfleisch-Tagine

Den Rest des Nachmittags verbrachten wir am Strand. Es herrschte ziemlich starker Wellengang. Irgendwie wird hier jeden Tag neuer Müll an den Strand gespült und jeden Tag wird er wieder beiseite geschafft. Das ist die reinste Sisyphusarbeit, allerdings sind die Marokkaner nicht unbedingt die Schnellsten und so wird nicht jeden Tag jeder Abschnitt sauber.

Kurz vor dem Abendbrot statteten wir dem kleinen Basar vor unserem Hotel einen Besuch ab. Klaus suchte ein paar Babuschen, die Schlappen der Marokkaner, die es für die Straße und für zu Hause gibt. Zuerst kamen wir zu einem Supermarkt, dann einem Schmuckgeschäft und noch irgendeinem Laden. Im vierten Laden wurden wir fündig. Hier wurden Babuschen und Jelabas angeboten, die traditionelle Kleidung der Araber, nur dass sie immer ein bisschen anders genannt wird. In Ägypten heißen die „Kleider" zum Beispiel Galabía.

Natürlich wurden wir gleich vom Verkäufer überfallen, aber nicht so penetrant, wie es üblich ist. Er verwickelte uns in ein Gespräch und wir hatten Spaß dabei. Wir sagten, dass wir Babuschen für Klaus suchen und schon spurtete er los, um ein paar Muster zu holen. Klaus probierte Verschiedenes und entschied sich dann schnell für ein paar hellgelbe ohne Schnick-Schnack, die er zu Hause als Hausschuhe tragen wollte. Jetzt kam das Wichtigste. Inzwischen wussten wir, was Babuschen in etwa kosten. Der Verkäufer machte uns selbstverständlich einen Freundschaftspreis, der bei 240,- Dirham lag. Das war eindeutig zu viel. Was wir dafür zahlen wollten, fragte er. Wir antworteten mit 80,- Dirham. Nee, damit könne der Verkäufer nicht leben, eben das übliche. Am Ende einigten wir uns auf 120,- Dirham.

Ich hatte mich inzwischen ebenfalls umgesehen, denn eigentlich wollte ich auch ein paar Babuschen haben. Da waren ein paar sehr schöne helle, mit bunten Lederbändern und Auflagen. Die gab es in verschiedenen Farben und ich konnte mich nicht entscheiden. Die sollten zu meiner Galabía passen, die ich mir in Ägypten gekauft hatte. Dann wurde einstimmig beschlossen, ich solle die mit den blauen Ledereinlagen nehmen. Jetzt mussten wir uns noch auf den Preis einigen. Der Verkäufer meinte, ich könne sie für den gleichen Preis wie die eben gekauften von Klaus haben. Den Preis wollte ich aber nicht bezahlen, denn meine Babuschen sind ja viel kleiner. Ja, dafür sind sie kunstvoller, meinte der Verkäufer. Daraufhin bezahlte ich für meine Babuschen 100,- Dirham. Damit waren alle zufrieden. 22,- € für zwei Paar Leder-Babuschen ist doch nicht schlecht.

Zum Abendbrot aßen wir wieder zu viel. Es war einfach zu lecker und man muss doch von allem probieren. Gegen das anschließende Magendrücken bestellten wir uns in der Bar einen Pastis.

Wieder waren wir müde und machten daher früh Feierabend. Durch die Winterträgheit zuhause sind wir so viel Aktivität nicht mehr gewöhnt.

Heute standen wir gemütlich um 9 Uhr auf. Ich habe schlecht geschlafen. Anscheinend sind heute Nacht wieder Flamingos vorbei gezogen und die Möwen gerieten wieder in helle Aufregung.

Nach dem Frühstück wollten wir zum Hafen. Toufiq meinte, eine Taxifahrt zum Hafen würde zwischen 15,- und 20,- Dirham kosten. Direkt vor dem Hotel stand ein Taxi. In Agadir fahren rote und beige Taxen. Die roten Taxen verkehren innerhalb der Stadt, die beigen Taxen fahren nach außerhalb. Das Prinzip ist, glaube ich, in ganz Marokko gleich, nur das die Farben der Taxen variieren.

Also, wir fragten den Taxifahrer, was er für die Fahrt zum Hafen haben wollte. Ganz ungeniert antwortete er mit 50,- Dirham. Als wir protestierten, ging er auf 30,- Dirham herunter, aber mehr war nicht drin. Dann soll er sich andere Dumme suchen. Wir machten uns zu Fuß auf den Weg. Ein Stück weiter nahm uns ein Taxi für 20,- Dirham mit.

Es war schon 10.30 Uhr, zu spät für den großen Fischmarkt. Hier und da verkauften die Fischer noch Reste, sehr kleine Fische. Jetzt war die Zeit zum Netze flicken heran. Wir spazierten ein Stück an den Fischerbooten vorbei und beobachteten das Treiben.

im Fischereihafen

Fischer beim Netze flicken

jeden Tag wieder

Jetzt wollten wir uns in der Marina umsehen, dem teuersten Stadtviertel von Agadir, gleich neben dem Hafen. Die Marina hat einen relativ kleinen Hafen und es liegen kaum Boote darin. Manche Geschäfte und die meisten Wohnungen stehen leer, bei 1500,- Euro Miete nicht verwunderlich. Trotzdem herrscht in der Marina eine gemütliche Atmosphäre.

Marina von Agadir

Hafenbecken der Marina

Fensterdekoration – Weihnachten in Marokko

exquisite Jelaba´s

Wir verließen die Marina in Richtung Stadt und schlenderten an den Strandrestaurants vorbei. Wir wollten einen Eisbecher essen und suchten uns ein geeignetes Café aus. Trotzdem es heute so bewölkt ist, ist es wärmer als gestern.

Nach einer Mittagspause im Hotel spazierten wir die Promenade Richtung Süden entlang. Da stehen noch einige Hotels, alle nicht höher als zwei Etagen, dafür sind sie flächenmäßig riesig.
Zwischen dem vorletzten und letzten Hotel liegt eine Düne. Das letzte Hotel steht ganz alleine und ist schon fertig, während sich drei oder vier Hotels davor noch im Bau befinden. Hinter dem letzten Hotel breitet sich eine weitere Düne aus und dahinter das Gelände des neuen Königspalastes, das von einem Militärposten bewacht wird. Am letzten Hotel wurde uns daher das Weitergehen verwehrt. Naja, dann eben nicht. Wir drehten um und gingen langsam am Strand wieder zurück.
Mich interessierte jedoch brennend, was sich hinter der Düne befindet. Ich musste sie einfach hochsteigen und nachsehen. Als ich oben war, sah ich, dass sich hinter dieser kleinen Düne ein weiteres Baugrundstück befindet und sich daran die Stadt anschließt. Es ist nur eine einzelne Düne. Vielleicht war es ja einmal ein Dünengürtel, bevor die Hotels hier gebaut wurden. Es war ein merkwürdiges Gefühl, in diesem Stück Wüste mitten zwischen Stadt und Meer zu sein.

ein Stück Wüste zwischen Stadt und Meer

Wir spazierten mit hoch gekrempelten Hosenbeinen an der Wasserlinie weiter. Es tat gut, den Sand unter den Füßen zu spüren. Manchmal erwischte uns dabei eine ungewöhnlich hohe Welle und so bekamen wir nasse Hosen. Durch den feinen Dreck im Wasser konnten wir die Hosen anschließend gleich in die Wäsche stecken. Der war so nicht mehr heraus zu bekommen.
Uns fiel auf, dass eigentlich gar kein Wind ging, trotzdem war der Wellengang fast ungebrochen. Wie das wohl kommt?
Es sind so gut wie keine Schnecken oder Muscheln am Strand zu finden. Wir fanden das ziemlich langweilig, denn es macht Spaß, nach interessanten Stücken zu suchen. Dafür spielten die Wellen mit dem Sand und es entstanden schöne Muster und

Wasserverläufe. So etwas hatten wir auch noch nicht gesehen. Wir beobachten dieses Spiel eine ganze Weile.

das Spiel von Wellen und Sand

Kaffee tranken wir im Hotel, danach gönnten wir uns eine Pause, bevor um 18.30 Uhr wieder Cocktails auf Kosten des Hauses ausgeschenkt werden. Daran schloss sich der Marokkanische Abend im Restaurant an.

Zur „Free-Cocktail-Stunde", wie es dort so schön heißt, trat eine Gruppe junger Berbermänner als Artisten auf. Leichtfüßig, gelenkig und flink zeigten sie ihr Können. Es schien aber, als hätten sie kein festes Programm, sondern sie improvisierten. Es gab ständig Absprachen, wer mit wem als nächstes etwas zeigt. Es machte Spaß zuzusehen, wie sie ihre Pyramiden bauten, übereinander hinwegsprangen oder andere Kunststückchen vollführten. Dazu spielte ein älterer Herr Flöte, ein anderer Tamburin. Die halbe Stunde verging wie im Fluge.

Bevor die artistische Darbietung begann, wurden an die Urlauber Tombola-Lose verteilt. Der erste Preis dabei war eine Woche freier Aufenthalt in diesem Hotel. Wie immer haben wir auch diesmal nichts gewonnen.

Zum Abendbrot, das unter dem Motto „Marokkanischer Abend" lief, bot das Büffet alles, was die marokkanische Küche hergibt. Da man unmöglich von allem probieren kann, hielten wir uns an das superleckere Lammfleisch mit verschiedenen Beilagen. Fisch, Geflügel und Rindfleisch standen ebenfalls zur Wahl. Schweinefleisch findet man nie in arabischen Ländern.

Nach dem wieder einmal viel zu üppigen Mahl unternahmen wir einen Abstecher zum Strand, um den Abend zu genießen. Die Promenade und der Strand sind dann in Flutlicht getaucht. Der Schriftzug unterhalb der Kasbah ist im Dunkeln beleuchtet. Dabei sieht es aus, als würde die Schrift in der Luft schweben. Die Zeichen bedeuten: Gott, Vaterland, König.

Schriftzug unterhalb der Kasbah

Promenade bei Nacht

einladender Strand auch nachts

die Wellenkämme leuchten

Um etwa 1.30 Uhr in der Nacht flogen wieder diese ominösen Vögel an unserem Fenster vorbei. Diesmal war ich dank dem Alarm der Möwen schnell genug, um es auf den Balkon zu schaffen und nachzusehen. Es waren relativ große, helle Vögel, die gleichmäßig und ruhig über das Hotel hinweg zogen. Leider konnte ich nicht mehr erkennen. Das Rufen dieser Vögel erinnert an Kraniche, sollen das keine Flamingos sein? Ich weiß ja nicht, wie Flamingos rufen. Nachdem die Vögel vorbeigezogen sind, beruhigten sich die Möwen wieder. Das nächtliche Schauspiel war mehr als eigenartig.

Am heutigen Tag war es windig und kühl. Man weiß immer nicht, was man anziehen soll.
Nach dem Frühstück spazierten wir zum Souk. Ohne Stadtplan, den wir uns an der Rezeption besorgt hatten, hätten wir dort gar nicht hin gefunden. Wir schlenderten eine Stunde durch den Markt. Obst, Gemüse, Klamotten, Haushaltswaren, Möbel, Gewürze, nichts was es nicht gibt. Sogar kleine Chamäleons wurden verkauft. Wir fragten, was man mit den armen Tieren macht und bekamen zur Antwort, das dies Haustiere für den Garten wären. Ebenso verkaufte man sehr kleine Schildkröten.
In einem der Klamottenläden ließ ich mir eine Jelaba zeigen, die man vorn anlegt, oben hinten zubindet, dann von vorn unten herum nach hinten zieht und über die Schulter

legt, indem man mit den Armen durch die Armlöcher schlüpft. Klingt kompliziert, ist es aber nicht. Dazu gehört ein Gürtel. Leider war diese Jelaba nicht aus Baumwolle, sondern aus Silastik, wie man früher einmal dazu sagte. Das fällt zwar prima, ist aber kein bisschen atmungsaktiv. Mein Exemplar war hellblau mit ganz viel goldener Stickerei. Auf dem Preisschild standen 350,- Dirham, also 35,- Euro. Ich wollte 120,- Dirham geben, doch da mir der Stoff nicht zusagte, ließ ich es dann doch bleiben und wir gingen wieder. Da rief uns der Verkäufer noch „100,- Dirham" hinterher, dann noch „50,- Dirham". Nicht einmal für diesen Preis war mir der Stoff schmackhaft zu machen, so gut die Jelaba auch aussah.

Ballerinas und Stiefel sind sehr schöne zu bekommen, aber sobald man sich für etwas interessiert, hat man jemanden am Hacken. Das ist nervig.

eines der Tore zum Souk el Had

Irgendwann bummelten wir in aller Ruhe wieder zurück. Unterwegs ließen wir uns vor einem Teesalon einen Minztee schmecken und um 14 Uhr waren wir im Hotel zurück. Eigentlich war für heute Nachmittag eine Jeeptour nach Immouzer geplant, doch Toufiq rief uns gestern Abend noch an, dass diese Tour wegen Mangels an Mitfahrern ausfällt. Na toll, wir waren begeistert. Von den wenigen Möglichkeiten, die wir bekamen, noch mehr von dem Land zu sehen, fiel jetzt auch noch eine weg. Was soll man da machen? Hängen wir eben weiter in Agadir fest.

Nun besuchten wir für zwei Stunden den Strand. Es war inzwischen trotz des Windes warm genug, nur im Badezeug zu sitzen. Klaus war sogar im Wasser, obwohl der Wellengang nach wie vor erschreckend und ein Aufenthalt im Wasser zu riskant war. Nur wenige trauten sich ins Meer. Als sich Klaus zu weit hinaus wagte, schrillte plötzlich ein Pfiff von irgendwoher. Mit einem Male war da doch jemand, der die Leute beobachtete und aufpasste, das nichts passiert. Ich fand das gut, denn schnell zieht einem die Unterströmung die Beine weg und auf das Meer hinaus oder unter Wasser. Es ist schon zu viel passiert.

Seit dem großen Regen vor gut einer Woche ist der Wellengang ununterbrochen stark. Zudem war das Wasser so dreckig, dass Klaus nach dem Baden erst einmal duschen musste.

Kaffee tranken wir an der Poolbar im Hotel, zu dem meist ein paar Kekse oder ein Stück Kuchen auf Kosten des Hauses gehören. Wir beobachteten die lärmenden Möwen und die Spatzen, die sich um die Krümel stritten.

Spatzen als Hotelgäste

Poolbereich des Hotels

exotische Bepflanzung

Um 17.30 Uhr kam Toufiq und buchte unseren Ausflug nach Assaka um. Das bereits bezahlte Geld für den nicht mehr stattfindenden Ausflug nach Immouzer bekamen wir zurück. Als Entschuldigung für die Verkaufsveranstaltung in der Apotheke in Marrakesch, über die wir uns beschwert hatten, hatte er uns ein Stück Argan-Seife mitgebracht. Das fanden wir einen netten Zug. Mal abgesehen davon, dass wir bei der Führung durch Marrakesch einen in Marrakesch ansässigen Reiseleiter erwischt hatten, der seinen Stoff nur so herunterrappelte, in einem Fort und gleicher Tonlage. Zudem war ungelogen jedes zweite Wort „ich meine". Keine Ahnung, wie er sich das angewöhnt hat. Stellte ihm jemand von uns zu einem Thema eine Frage, konnte er nicht genug deutsch, um zu antworten. Niemand war begeistert davon, das war sehr schade. Bis zum Dunkelwerden spazierten wir noch einmal die Promenade Richtung Stadt entlang, um irgendwo ein Bier zu trinken. Die Promenade von Agadir ist abends eine Sehen-und-Gesehen-werden-Meile.

Vor unseren Augen hatte sich ein junger Mann postiert und wollte ein bunt leuchtendes, Purzelbäume schlagendes, überall Räder habendes Etwas an die

Vorübergehenden verkaufen. Wir fanden das so lustig, das wir dachten, das es etwas für unsere Enkel wäre. Als wir unser Bier wenig später bezahlten und dieses Etwas näher in Augenschien nehmen wollten, war der junge Mann plötzlich verschwunden.
Es weht kaum noch Wind, doch die Wellen schlagen nach wie vor unvermindert an den Strand, das ist wirklich auffallend.
Zum Abendbrot sagte uns der Kellner, der sich seit dem ersten Tag um uns kümmerte, dass er morgen seinen freien Tag hätte. Wahrscheinlich sagte er das, damit er heute noch sein Trinkgeld bekommt. Wir gaben ihm nicht jeden Tag Trinkgeld. Die Kellner müssen reiche Männer sein, bei dem vielen Trinkgeld, dass sie jeden Tag bekommen. Freitag früh würden wir uns wiedersehen – Inch Allah. Das wird immer gesagt, wenn etwas in der Zukunft geschehen soll und heißt: so Gott will.
Wir ließen uns noch eine Flasche von dem leckeren marokkanischen Wein bringen, den wir zu Weihnachten getrunken hatten. Die leerten wir gemütlich am nächtlichen Pool, an dem wir ganz alleine waren. Die Möwen beruhigten sich, als es dunkel wurde.

Wieder um 1.30 Uhr, wie bisher jede Nacht, verfielen die Möwen in helle Aufregung. Mit den ersten Tönen stand ich auf, um endlich heraus zu bekommen, was das für mysteriöse Vögel sind, die jede Nacht über das Hotel ziehen. Das ließ mir einfach keine Ruhe, aber ich hatte wieder kein Glück. Das Licht der Flutlichtmasten, welches über das Hotel scheint, ist zu grell, um genaues zu erkennen. Ich werde es wohl nie erfahren.
Der letzte Tag unseres Urlaubs hatte begonnen und wir mussten schon um 6.30 Uhr aufstehen, da wir um 8 Uhr für die Assaka-Geländewagentour abgeholt werden. Zuvor frühstückten wir noch in aller Ruhe, dann ging es los. Wir waren die ersten Gäste und konnten uns die besten Plätze aussuchen. Wie immer dachten wir, weitere Leute aus den anderen Hotels zu treffen, doch es fuhr nur noch eine Frau mit uns. Eigentlich sollte die Fahrt gestern stattfinden, deshalb die Umbuchung. Weil sich nicht genug Leute gemeldet hatten, fiel die Tour gestern aus und wurde, wahrscheinlich wegen uns, auf heute verlegt. Normalerweise wird diese Tour nicht Donnerstags durchgeführt, doch da es unser letzter Tag war, hatten wir nur noch heute die Möglichkeit. Die zugestiegene Frau, auch eine Deutsche, wollte ebenfalls gestern fahren. Nun findet die Fahrt doch statt. Besser nur drei Mitfahrer als keine, wird der Veranstalter gedacht haben.
Unser Fahrer und Führer Ibrahim fuhr uns den ganzen Tag durch die verschiedenen Landschaften südlich von Agadir. Zuerst steuerten wir die Atlantikküste an. Diese ist hier weiter südlich sehr rau und steil. Es wächst nicht viel auf dem harten Sandboden. In atemberaubendem Tempo preschte Ibrahim mit dem Geländewagen durch die Küstenlandschaft, bis wir an einer schönen Stelle Halt machten.
Es gibt keine Straße, nur leichte Fahrspuren, die hin und wieder nach links oder rechts Abzweigungen aufweisen. Wahrscheinlich liegen an deren Enden versteckt ein paar Häuser. Durch die hügelige Landschaft konnten wir nicht viel sehen.

verstecktes Küstendorf der Berber

rauer Atlantik

Dann ging die Fahrt durch eine karge und steinige Landschaft weiter zur Mini-Sahara, kurz vor dem Anti-Atlas. Zuvor besichtigten wir bei Massa Souss das Vogelschutzgebiet an der Souss-Mündung, einem Fluss. Es ist eine sehr schöne und grüne Landschaft mit fruchtbaren Feldern und kleinen Siedlungen. Die Menschen hier bauen Mais und Bananen sowie Gemüse an. Sie haben auch ein wenig Vieh. So sind zum größten Teil Selbstversorger und unabhängig.

an der Sousse-Mündung

Vogelschutzgebiet

überall kleine Dörfer

Gemüsefelder

Wie uns Ibrahim erzählte, ist das Leben hier nur durch die Brunnen möglich, die überall im Tal gebohrt wurden. Der Fluss selbst führt salziges Wasser, das durch die Flut immer wieder in das Landesinnere gedrückt wird. Nur bei genug Regen hat das Süßwasser aus dem Landesinneren genug Kraft, etwas weiter zum Meer vorzudringen. Deshalb soll es hier auch Flamingos geben, aber wie wir erfuhren, sind sie jetzt im Winter in Spanien. Also können es keine Flamingos sein, die jede Nacht über unser Hotel hinweg fliegen. Was ist es dann bloß?

In dem hiesigen Vogelschutzgebiet soll es mehr als dreißig verschiedene exotische Vögel geben, die man mit etwas Glück und so sie denn hier sind, beobachten kann.

Auf dem weiteren Weg zum Anti-Atlas legten wir eine Kaffeepause ein. Ein einsamer Hof steht an der Straße und bewirtet die vorbeikommenden Reisenden. Hier tranken wir einen Tee. Der Innenhof ist sehr schön, mit einem kleinen Museum, das die Reisenden über das Leben und Arbeiten der Berber informiert.

der Hinterhof einer Raststätte ist Museum

traditionelle Kleidung

traditionelle Argan-Mühle

Nach dieser Pause fuhren wir weiter durch das Hinterland Richtung Anti-Atlas, bis wir ein mitten im Nirgendwo stehendes Hotel erreichten, oberhalb eines Flusses. Unterhalb des Hotels, an dem Fluss, steht ein kleines Dorf mitten in Bananenstauden. Der Boden ist voller Geröll, auf dem nur Kakteen und Dornengestrüpp wachsen.

irgendwo im Hinterland

Kakteen und Gestrüpp

felsige und steinige Landschaft

Eingang zum Hotel

alle Wände bestehen aus Lehm

das Hotel selbst

große Mauer um das Hotel

Das Hotel ist von außen sehr schön, wir konnten sogar in den Innenhof sehen. Begrenzt wird es rund herum von einer hohen Mauer aus Lehm. Das ganze Hotel ist aus Lehm gebaut, nur von Gästen war keine Spur.

Während wir die Idylle des Tales genossen und zu Fuß ins Dorf spazierten, fuhr Ibrahim schon mit dem Auto voraus und wartete auf uns.

ein Bananendorf

Feigenkaktus

Was wir auf der einen Seite hinunter gefahren- oder gelaufen sind, mussten wir jetzt, nach der Überquerung eines kleinen Flusses im Tal, auch wieder hinauf, und das war ziemlich steil. Über eine geröllige Piste und steile Kurven zog sich der Geländewagen nach oben. Von hier oben hatten wir ebenfalls einen sehr schönen Blick auf das Dorf im Tal.

Ein paar Kilometer weiter erreichten wir die Mini-Sahara. Das ist eine Dünenlandschaft auf nicht einmal einem Quadratkilometer. Rundherum die bisher beschriebene Landschaft, mitten drin die Dünen, seltsam. Wie sind die ausgerechnet hier her gekommen?

Ibrahim gab uns die Zeit, die wir brauchten, um dieses Stück Landschaft zu entdecken. Wir erklommen die nur ein paar Meter hohen Dünen und fühlten uns fast wie in der Sahara. Der Sand ist genauso fein, hier und da steht ein Busch, überall finden sich Spuren von Käfern, Skorpionen und irgendwelchen vierfüßigen Tieren. Die Spuren der vierfüßigen Tiere führten in kleine Erdlöcher. Wir wussten nicht, was es sein könnte.

in der Mini-Sahara

Kleine, zarte Pflänzchen behaupten sich neben einem Busch, der ein paar Meter von sich auf dem Boden ein verzweigtes Netz von Stengeln ausbildet, an denen kugelförmige Früchte wachsen. Ibrahim sagte uns zwar den Namen dieser Pflanze, doch der ist unaussprechlich. Ich nehme jedoch nicht an, dass man sie essen kann, sonst würden sie hier nicht überall herumliegen.

auch in der Wüste wachsen Pflanzen

Wüstenkürbisse (ungenießbar)

zarter Spross

Arganbaum

grüne Arganfrüchte

Das machte Spaß und war sehr interessant. Allerdings hatten wir uns auf dieser Tour auf die Ziegen gefreut, die wir auf den Argan-Bäumen sehen sollten. Anscheinend sind die Früchte wohl noch zu grün, um für die Ziegen interessant zu sein. Solch ein Bild hätte ich zu gerne gehabt. Wir haben ja schon viel davon gehört, doch es mit den eigenen Augen zu sehen, das wäre schön gewesen.

die Winde haben im Sand der Dünen
die schönsten Formen hervorgebracht

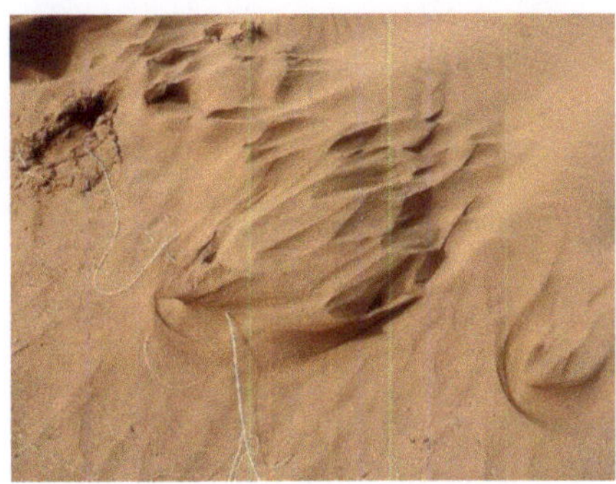

Als nächstes steuerten wir eine der zurzeit einhundertfünfzig in Marokko existierenden Talsperren in der Nähe an. Dafür fuhren wir auf ein Plateau, von wo aus nun die Landschaft unter uns lag, durch die wir den ganzen Tag gefahren waren. Von hier aus sahen wir auch das Hotel, an dem wir hielten, und das Tal, wieder. So ändern sich die Perspektiven. Die Talsperre liegt relativ hoch im Anti-Atlas.

Halbwüste

im Anti-Atlas

Talsperre

Staumauer

Mittagszeit war längst vorbei und wir hatten alle Hunger. Endlich fuhren wir in ein Dorf in den Bergen, in dem es etwas abseits ein Restaurant gibt. Als Alleinfahrer findet man kaum solche herrlichen Ecken.
Ibrahim parkte das Auto und wir liefen den Weg zum Restaurant nach oben. Ein kleiner Garten schließt sich an und man hat einen tollen Blick über die Landschaft.
Durch einen kleinen und einen etwas größeren Hof gelangten wir zu den Gasträumen.

zum Restaurant

Garten

Wir wurden in einen der kleinen Gasträume gebeten, der mit Teppichen, Sitzkissen und sehr flachen Tischen ausgestattet ist. Da es jedoch sehr dunkel da drinnen ist, fragten wir, ob wir nicht in dem Hof sitzen könnten, von dem die Gasträume abgehen. Also zogen wir kurzerhand um und wurden mit Wasser, Salat, Brot und einer Couscous-Tagine bewirtet. Zum Abschluss stand eine große Obstschale mit kleinen Bananen und Orangen auf dem Tisch. Wie immer, schmeckte alles superlecker und wir fühlten uns sehr wohl. Es war echt gemütlich.

Terrasse des Restaurants

im Restaurant

vor dem Essen

Frisch gestärkt und mit neuen Kräften fuhren wir die Oase von Assaka an. Irgendwie hatte ich mir unter einer Oase etwas anderes vorgestellt. Ibrahim setzte uns in der Nähe eines Ortes in einem kleinen Tal ab, welches von einem kleinen Fluss durchzogen wird. Es ist grüner als anderswo, das ist richtig, aber eine Oase sieht für mich irgendwie anders aus. Trotzdem ist es ein hübscher Flecken Erde und wir sahen uns ein wenig um. Im Fluss stand ein Reiher, auf einer Wiese ein Esel und an der Straße verkauften drei alte Männer ihr Gemüse aus dem Garten an die Vorbeifahrenden. Gerne hätten wir ihnen ein paar von den herrlich saftigen, großen Rettichen abgekauft, aber wenn man im Hotel wohnt, hat man selten ein Messer bei sich. Ibrahim meinte daraufhin, dass es nicht schlimm sei, wenn die Männer nichts verkaufen, dann behalten sie es eben für den Eigenbedarf.

in der Assaka-Oase

eine etwas andere Oase

Unser letztes Ziel für diesen Tagesausflug in das Hinterland Marokkos, auf den Spuren der Nomaden, der Halbwüste und des Anti-Atlas, fuhren wir nach Tiznit, der Stadt der Silberschmiede Marokkos. Überall in Marokko wird Silber verarbeitet, doch Tiznit ist die Silberhauptstadt. Tiznit ist von einer Stadtmauer umgeben und noch nicht sehr alt. Sie wurde erst 1882 als Karawanentreffpunkt gegründet.

Wir fuhren kreuz und quer durch die engen Gassen, bis wir Halt machten. Da wir keine Zeit hatten, uns die Stadt selbst anzusehen, besuchten wir nur eine der zahlreichen Silberschmieden. Diese liegt im Erdgeschoss eines Wohnhauses. Gleich hinter dem Eingang saßen drei Männer, die filigrane Silberdrähte zu wirklichen Kunstwerken verbanden. Ketten, Armbänder, Gürtel und vieles mehr entstehen unter ihren Händen. Es wird mit Edelsteinstaub oder ganzen Edelsteinen gearbeitet. In den anschließenden Ausstellungs- und Verkaufsräumen konnten wir die ganze Vielfalt des hier hergestellten Schmuckes bewundern.

Ich betrachtete ein Schmuckset, wie ich es in Deutschland schon oft gesehen habe und es mir gefällt. Wir kennen diese Schmuckstücke als zarte, leichte Kreationen. Hier in Tiznit fand ich das gleiche Schmuckset, nur wesentlich schwerer. Das Silber ist richtig dick. Das hat dann natürlich auch seinen Preis.

Apropos Preis: dadurch, dass Tiznit von sehr vielen Reisegesellschaften angefahren wird, sind die Schmuckstücke nicht mehr so günstig, wie man sich das wünschen würde. Um wirkliche Schnäppchen zu machen, müsste man in den kleineren Orten stöbern, in denen der allgegenwärtige Silberschmuck angeboten wird. Vor allem sind die Schmuckstücke an den alten und voluminösen Berberschmuck angelehnt, aber man findet durchaus auch etwas, das neutraler ist.

Tiznit, die Silberstadt

Stadtmauer von Tiznit

Der Tag ging zu Ende und wir fuhren zurück nach Agadir, wo wir um 17.30 Uhr direkt in die Rush-Hour gerieten. Wir kamen uns wie in Berlin vor und es dauerte eine ganze Weile, bis wir das Hotel erreichten.

Das war wieder ein langer Tag, aber ich wollte ihn nicht missen. Es war unsere einzige Gelegenheit, das wirkliche Marokko kennen zu lernen. Eine Woche ist einfach zu wenig. Wir werden irgendwann einmal wieder kommen, dann wahrscheinlich mit dem Wohnmobil.

Es gibt noch so viel zu sehen, vor allem die anderen drei Königstädte, die wir nicht besucht haben. Von Marrakesch haben wir auch nicht wirklich viel gesehen und um Agadir herum gibt es weitere Ziele, wie die blau-weiße Stadt Essaouira an der Küste, das Städtchen Tafraout im Anti-Atlas, mit seinen rosafarbenen, von gigantischen

Granitblöcken umgebenen Häusern, oder Taroudant, eine der ältesten Städte Marokkos.

Den Abend verbachten wir in aller Ruhe noch ein letztes Mal auf der Promenade, denn es war unser letzter Abend in Marokko. Wir genossen noch einmal die warme Luft, bevor es wieder ins kalte, winterliche Deutschland geht.

Abendstimmung in Agadir

Sonnenuntergang

Silvester, der letzte Tag im Jahr. Wie schon an Heilig Abend sind wir auch an diesem Tag auf Achse, nur in umgekehrter Richtung. Da wir erst um 11 Uhr abgeholt wurden, um zum Flughafen zu fahren, konnten wir den Tag gemütlich angehen lassen. Beim Frühstück verabschiedeten wir uns von unserem Kellner, der ganz traurig war. Danach packten wir die restlichen Sachen in die Koffer, machten einen letzten Rundgang durch den Poolbereich und an den Strand, erledigten die Formalitäten im Hotel und warteten auf den Bus.

Abschied vom Weihnachtsurlaub in Marokko

im Flughafen

Tschüß Marokko

Die Rückreise klappte wie am Schnürchen. Bei der Zwischenlandung auf Gran Canaria kauften wir im Flughafen noch ein paar landestypische Dinge ein, denn wir wurden sehr an unseren Urlaub auf Lanzarote erinnert. Die Kanaren haben gute kulinarische Leckereien zu bieten.
Dann stiegen wir in das Flugzeug, das uns nach Hause brachte und uns blieben nur noch ein paar schöne Eindrücke aus der Luft, bevor es dunkel wurde.

Start von Gran Canaria

der Teide auf Teneriffa

Sonnenuntergang über den Wolken

Bevor wir nach Marokko kamen, hatten wir nie das Gefühl, einmal hinfahren zu müssen. Es hat uns einfach nicht gereizt. Durch Zufall waren wir an diese Reise gekommen und sind von diesem aufstrebenden Land Marokko hellauf begeistert, mit einem König, der für sein Volk da ist und der sein Land weiter in die Neuzeit führt, wie es sein Vater bis 1999 begonnen hat.

Wenn Ihnen unser Reisebericht von Marokko gefallen hat, würde es uns freuen, wenn Sie eine Bewertung (Rezension) in dem Shop hinterlassen würden, in dem Sie das Buch/ebook gekauft haben, oder vielleicht auf unserer Homepage. Vielen Dank schon einmal im Voraus.
Besuchen Sie uns gerne unter www.akweltenbummler.com.